LA CULTURE ASSOCIATIVE

A l'Ecole du Bénévolat

Par

Joshard-Martin M.M

SOMMAIRE

Préambule

Introduction

I-   Définitions

II-   L'apprentissage

III- A L'école du bénévolat: L'approche CIDC

III-   Mon expérience de l'approche CIDC

Conclusion

Biographie

Préambule

Ce livre s'inscrit dans la suite logique du premier de la série consacrée à la culture associative. Il a pour but de vous accompagner dans votre processus d'apprentissage en vous fournissant toutes les informations utiles pour développer un esprit associatif aussi bien dans un contexte bénévole que professionnel. Cependant, le bénévolat, la recherche et le service seront les principaux ingrédients de cette deuxième recette que je vous propose sur cette complexe et passionnante thématique. Autrement-dit, ce livre est un manuel qui répond de façon pratique aux questions "comment développer évoluer bénévolement au sein d'une structure associative ? " d'une part et d'autre, comment envisager une initiative entrepreneuriale dans ce cadre ? " Dans les quelques pages que vous vous apprêtez a parcourir, je vous livre tous les secrets à savoir pour atteindre ces nobles objectifs de développement personnel.

◆ ◆ ◆

Introduction

Plus qu'une valeur morale conventionnellement recommandable, la culture associative est un véritable atout intellectuel et professionnel considérable. D'aucuns peuvent s'interroger sur l'intérêt que l'on peut avoir en s'engageant activement au sein d'une entité associative tandis que d'autres ne tardent pas d'une seconde à le faire. En effet, le secteur associatif comporte de nombreuses opportunités dans la vie de ses acteurs, et ce, aussi bien intellectuelles, relationnelles, professionnelles que financières. A travers ce livre, nous allons comprendre quelques notions fondamentales liées à la culture du bénévolat associatif. Je vous souhaite une agréable lecture.

1- Définitions

Il est important de relever quelques mots clés, notamment le bénévolat, le volontariat et le service. Dans cette partie, il s'agira dans un premier temps de présenter la définition conventionnellement consacrée de chacun de ces concepts et par ailleurs, une définition pratique et synthétisée qui émane d'une expérience de terrain.

1- Le bénévolat

L'étymologie du mot est tiré du mot latin « benevolus » qui signifie « bonne volonté ».

"Le bénévolat est une activité non rétribuée et librement choisie qui s'exerce en général au sein d'une institution sans but lucratif (ISBL) : association, ONG, syndicat ou structure publique. Celui ou celle qui s'adonne au bénévolat est appelé « bénévole »[1]. L'étymologie du mot vient du latin « benevolus » qui signifie « bonne volonté. »[1]

2- Le volontariat

L'étymologie du mot volontariat provient du latin voluntas qui veut dire "*volonté*".

"Le volontariat est le fait d'être volontaire, c'est-à-dire d'agir sans contrainte et de sa propre volonté. Dans le domaine militaire, le volontariat est l'institution qui permet à un homme de servir dans l'armée en vertu d'un engagement volontaire, sans y être obligé. Le volontariat désigne le statut juridique sous lequel des personnes peuvent s'engager dans un travail, dans l'intérêt collectif, le plus souvent à vocation humanitaire, sociale, sportive, culturelle...Contrairement au bénévolat qui est un engagement moral peu formalisé, le volontariat implique un engagement réciproque et formalisé, à plein temps et dans un milieu différent en général, pour une durée définie et pour une mission précise. Il offre la possibilité de percevoir des primes pour les travaux effectués (exemple : les pompiers volontaires). »[2]

3- Le service

Lorsqu'on parle de bénévolat, il faut savoir que le service en est le maître mot. En effet, que l'on soit bénévole, volontaire, salarié(e) ou entrepreneur(e), nous sommes tous appelés à servir notre prochain. Ceci est un fait divinement établi. Ceci dit, qu'est-ce que le service ?

Le service vient du verbe servir qui veut dire être au service d'une personne physique ou morale. C'est le fait d'apporter une assistance morale ou matérielle à une personne (un individu) ou à une entité morale (une communauté).

Par manque de connaissance ou encore par manque de foi, beaucoup considèrent le bénévolat comme une perte de temps, une forme de mendicité, un prétexte d'enrichissement facile dans certains cas ou de recherche d'opportunités dans bien d'autres. En effet, cette lecture limitée et tout à fait fausse prive beaucoup de nombreuses vertus de cette forme d'humanisme. Beaucoup émettent des jugements peu fondés et parfois injustes sur ledit sujet. Pour la plupart, ce sont des personnes externes à la réalité bénévolat ou à la vie associative, pour d'autres ce sont les personnes frustrées et déçues du comportement des leaders structures associatives. En bref, ceci n'est qu'une infime liste des facteurs potentiels qui peuvent expliquer un tel fait. Ainsi, il convient de dire que toutes ces choses donnent lieu à une certaines réticences à l'idée d'adhérer volontairement à une structure ou de développer une aspiration professionnel c'est-à-dire entrepreneurial dans le contexte associatif.

Pour ma part, je pense que le bénévolat est un état d'esprit qui consiste à se rendre disponible pour servir de façon désintéressée une personne ou un groupe de personne en situation difficile. Être bénévole (individuel ou associatif) n'est rien d'autre que l'expression d'une volonté à apporter sa contribution au développement des autres. Le bénévolat implique donc le volontariat et le service en ce sens qu'il y a une notion de volonté à servir une volonté à assister ; une volonté à aider, et par conséquent, une volonté de contribution. Autrement-dit, un(e) bénévole est un(e) volontaire et un serviteur (vante).

Maintenant, permettez-moi de vous présenter deux exemples qui mettent en exergue la différence entre le bénévolat individuel et le bénévolat associatif. Dans le cas du bénévolat individuel, je vais vous présenter l'histoire d'un jeune homme qui est intégrée dans mon livre « ***Exprime sa passion & Suscite des vocations !*** [3]». Par ailleurs, s'agissant du bénévolat associatif, je vous présenterai le témoignage d'une jeune femme qui évolue dans une association.

Le bénévolat individuel

Prenons un exemple de ce que représente le bénévolat individuel dans cet extrait d'une expérience personnelle vécue à l'Etat de Utah (aux États-Unis) que je relate dans mon livre « ***Exprime ta Passion & Suscite des Vocations !*** ».

Voici un bref aperçu de cet État et précisément de sa capitale Salt Lake city.

"D'abord colonisée par les pionniers mormons à partir de 1847, Salt Lake City a été le siège de l'Eglise mormone et devenu plus tard la capitale de l'État de Utah. La ville a continué à se développer étant donné que les booms miniers et les chemins de fer ont élargi le mouvement vers l'ouest. Salt Lake City est une ville désignée pour la réinstallation des réfugiés et actuellement plus de 25,000 réfugiés en provenance de pays tels que la Somalie, le Soudan, la Bosnie, le Bhoutan, l'Irak et la Birmanie se sont installés dans la communauté. Salt lake est aussi un carrefour des affaires en croissance rapide. Salt lake a été classé en 2011 la CNN Money parmi les 15 plus grandes villes dans le monde des affaires et Forbes a récemment classe l'Utah comme le premier État dans le pays dans le domaine des affaires pour la deuxième année consécutive. L'économie jouit d'un grand nombre d'entreprises de haute technologie et est connue pour l'encouragement à l'esprit d'entreprise."

L'encouragement à la prise d'initiative entrepreneuriale est l'une des caractéristiques de la culture des citoyens de la ville de Salt Lake City. Arthur C. Brooks, auteur américain, soutient cette idée dans son article "Why giving matters" en affirmant que l'État le plus charitable des État Unis est l'Utah7.

J'ai eu l'opportunité d'expérimenter l'effectivité de cette information durant mon séjour à Salt Lake city dans le cadre du programme IVLP. C'est particulièrement dans cet État que j'ai pu acquérir une meilleure compréhension du concept de l'entrepreneuriat social et de celui du développement communautaire.

En effet, lors d'une visite guidée en entreprise, J'ai eu l'occasion d'échanger avec l'un des responsables de l'entreprise Cotopaxi, une société d'équipement de plein air ayant la mission sociale d'éradiquer la pauvreté et d'inspirer les changements sociaux et environnementaux. L'une des choses qui m'a le plus marqué lors de cet entretien était la devise de ladite entreprise: Do good (faite du bien en Français) Waw ! En fait, selon les propos de ce monsieur, la philosophie que prône l'entreprise met en valeur l'idée de la bienfaisance et de la charité. Cette entreprise avait lancé un programme culturel qui vise à promouvoir les courses populaires avec distribution de tee-shirt à l'effigie "Do good", et ce, de façon régulière dans l'année. Cette initiative contribue à renforcer le développement communautaire dans la ville de Salt Lake. A la fin de cette rencontre, ce monsieur nous a offert à chacun (participants du programme IVLP) des sacs à l'effigie Cotopaxi. Je dois dire que ce geste nous a beaucoup marqué.

Le bénévolat associatif

Je vous présente le témoignage d'une jeune bénévole qui évolue au sein d'une association qui œuvre dans le domaine du social.

Bonjour, je m'appelle Cléa Theodora DOUTSONA NZAGOU, bénévole au sein de l'Association *Pain2Vie Solidaire*[4] à Paris depuis 2016. Je suis particulièrement active dans les activités en lien les opérations caddie de l'association. Les opérations caddie consistent en la collecte des denrées alimentaires et d'hygiènes auprès des magasins et à les distribuer à des nécessiteux ou à des familles sous forme de repas et paniers d'hygiène. Ces dernières sont répertoriées et suivies par des membres bénévoles de l'association.

Ce qui m'intéresse dans cette activité c'est le fait d'accorder du temps des personnes en difficulté et de me mettre en peine pour elles. Cela me permet de les écouter. De fois, il m'arrive de rencontrer des personnes émotionnellement frustrées et socialement marginalisée. J'aime donner de mon temps et de mon énergie au profit de ces personnes.

Être bénévole dans une association c'est vraiment une bonne chose car cela nous permet le mieux comprendre la société. C'est non seulement une expérience sociale mais encore plus une expérience professionnelle. Faire du bénévolat m'a permis de développer le sens de l'écoute, du conseil, de l'aide, et de ce fait, de contribuer au développement des autres etc. Je recommande dans fortement à tout le monde de s'engager bénévolement au sein d'une structure associative.

En définitive, ce qu'il faut retenir de cette partie, c'est que le bénévolat individuel ou le bénévolat associatif ont le même but : un service non-lucratif. Cependant, il reste que un bénévole et les vis du elle est une personne qui rends un service dans le créatif dans un contexte purement personnel tandis qu'un bénévole associatif le fait dans le contexte d'une structure associative.

2- L'apprentissage

Je définis la vie associative comme une plate-forme d'apprentissage. c'est un environnement à travers lequel tout un chacun peut apprendre renforcer ses capacités pour développer le sens de son utilité aussi bien dans l'association que dans la société en général. En effet apprentissage occupe une place fondamental dans la vie de l'homme. Nous sommes amenés à apprendre tous les jours que Dieu fait. Apprendre signifie recevoir de la connaissance d'une part et saisir son sens. Évoluer bénévolement au sein d'une association c'est apprendre continuellement à se rendre utile pour les autres. Un bénévole est donc un apprenant. Il existe différents types d'apprenants.

- Ceux qui apprennent par la vue (*Images/Vidéos*)
- Ceux qui apprennent par l'écoute (*Supports audio/ Conversations*)
- Ceux qui apprennent par l'expérience (*La pratique*)

Dans ce livre, il est question de vous montrer comment apprendre (développer compétences) bénévolement en milieu associatif. Il faut dire qu'une organisation est une école morale qui forme tous les talents qu'elle regroupe en son sein. Nous avons déjà relevé dans la série de podcasts consacrés à cette thématique que la formation est l'action de former par l'information. Bien entendu, la formation n'a lieu que lorsqu'il y a une volonté d'apprentissage. L'objectif ici est de susciter en vous cette volonté pour découvrir et expérimenter les vertus professionnelles du bénévolat. Pour en avoir fait l'expérience, je vous assure qu'il en vaut la peine d'essayer.

La logique de l'apprentissage s'articule autour de trois étapes, à savoir **apprendre comprendre** et **entreprendre**.

Le feu docteur Myles Munroe l'avait résumé comme suit : l'instruction, la compréhension et l'application.

- L'instruction est l'information reçue
- La compréhension est le fait d'avoir saisi l'information reçue
- L'application est le fait d'exploiter l'information reçue (je paraphrase.)

Je peux me permettre d'affirmer que s'engager civiquement ou bénévolement est synonyme de s'inscrire dans une logique de renforcement de capacités continu à travers le service. "L'on ne peut donner que ce que l'on a". Ainsi, servir consiste à offrir quelque chose qui est à notre disposition notamment notre savoir, nos compétences, notre temps etc. Dans une certaines mesures, sans en être extrême dans ma passion pour le sujet, le service bénévole peut être considéré comme un processus à travers lequel on apprend à découvrir développer et valoriser nos talents. En effet, le talent est cet outil naturel qui nous permet de servir, mieux, d'être utile pour servir les autres. Pour ce faire, une disposition d'apprentissage est plus que nécessaire pour toutes celles et ceux qui aspirent à un service bénévole tant dans un contexte individuel que collectif. L'appréhension du principe apprendre, comprendre et entreprendre (l'instruction, la compréhension et l'application) s'avère être ultra nécessaire.

En fait, il faut dire que nous sommes tous soumis à ce principe de vie chaque jour que Dieu fait. Nous apprenons de nombreuses choses, nous exploitant les connaissances acquises et nous prenons des initiatives. Cette réalité n'est donc pas en marge d'un parcours bénévole en milieu associatif. Ainsi, les valeurs suivantes sont à considérer :

- la curiosité
- l'humilité
- la recherche
- l'exploration
- le partage (le service)

Dans les lignes qui suivent, je t'attendrai à expliciter l'importance de ces valeurs morales.

3- A L'école du bénévolat: L'approche CIDC

Nous voici désormais au cœur de ce livre. En effet, nous allons voir comment développer la culture du bénévolat associatif, c'est à dire développer le sens de son utilité aussi bien dans la structure dans laquelle on évolue que dans la communauté à laquelle on appartient. Ceci dit, permettez-moi de vous présenter une méthode que j'ai personnellement utilisée pour y arriver. Il s'agit de ce que j'appelle l'approche CIDC, laquelle constitue une démarche d'apprentissage qui favorise la découverte, le développement et la valorisation du ou des talents naturelles que Dieu nous a donné. Ainsi, le sigle CIDC signifie quatre étapes d'un processus:

1. Culture de la recherche
2. Intégration au sein d'une structure associative
3. Développement du talent au sein de ladite structure
4. Création de sa propre structure

4- Mon expérience de L'approche CIDC

1-   La culture de la recherche

En 2012, déjà étudiant à la Faculté des Lettres et des Sciences Humaines (FLSH) de l'université Omar Bongo et précisément au Département d'Anglais, j'ai fait l'expérience d'un bouleversement mental. En effet, je me suis rendu compte que le programme académique du département, tel que conçu et présenté en ce temps-là ne me présentait que deux grandes possibilités de carrière professionnelle. La première était la profession d'enseignant en grammaire anglaise soit dans des collèges (premier cycle) ou dans les lycées (second cycle), et ce, après avoir fait le concours de l'E.N.S (École Normale Supérieure). La dernière quant à elle, était la carrière de chercheur (professeur) soit en littérature ou en civilisation américaine, britannique ou africaine.

Ne trouvant mon compte dans aucune de ces options-là, je me suis très rapidement intéressé à quelque chose d'autre. Il faut dire que je me suis rendu compte que ma passion pour la langue anglaise me permettait d'apprendre un peu plus sur la culture anglo-saxonne, et ce qui me marquait le plus parmi les aspects culturels de cette communauté, était la culture du dur labeur; celle de l'effort et de la recherche. Ce penchant m'a donc permis de m'intéresser au vocabulaire du domaine de l'entrepreneuriat. Ce fut donc un pas initiatique.

Ainsi, j'ai commencé à me cultiver sur des sujets liés au domaine des entreprises, puis à celui de la communication et enfin à celui du tourisme en utilisant l'outil internet. Je dois dire que l'intérêt que j'accordais à cet exercice était si particulier et si fort que je pouvais passer des heures entières à m'instruire sur le vocabulaire de chacun de ces secteurs tout en essayant de comprendre leur fonctionnalité. Au fur et à mesure que je m'adonnais à cet exercice de recherche, je commençais à développer de mieux en mieux de l'aisance dans mon expression en Anglais et notamment au travers des conversations avec des condisciples, et surtout lors des exposés en classe. Je dois dire qu'il m'était désormais habituel d'avoir les meilleures notes lorsqu'il s'agissait des exposés. Ainsi, plus je jouissais du fruit de ce travail (au travers de mes résultats), plus cela procurait en moi de la motivation et de l'assurance à tel point que je faisais désormais de la recherche mon passe-temps favori. Aussi paradoxal que cela pouvait paraître en ce temps-là, je me mettais à étudier de manière simultanée des leçons (sujets) liées à l'objet de ma passion et celles inscrites dans le programme académique. J'étais donc à cheval entre les deux. En fait, d'un côté j'étudiais parce qu'il me fallait réussir et obtenir un diplôme (la licence) et d'un autre, je me cultivais parce qu'il me fallait acquérir de la connaissance dans un domaine qui me passionnait, à savoir l'entrepreneuriat touristique en ce temps-là.

Un jour, toujours dans ce processus de recherche, je fis la rencontre d'une jeune étudiante qui se prénommait Sheryl. Celle-ci poursuivait ses études en gestion touristique dans une école supérieure de la place. En effet, après l'avoir sollicitée pour un éclairage sur l'objet de ses études, cette dernière me fit tout un exposé sur le tourisme de façon passionnée avec un sens de professionnalisme assez poussée. A la lumière de la richesse des informations reçue par cette dernière, je dois dire que ce jour, je fus davantage séduit par le domaine du tourisme en général et particulièrement du tourisme dans le contexte du Gabon. Aussitôt, je me suis attaché à celle-ci pour en savoir plus jusqu'à ce qu'un jour je lui demandai de me prêter ses cahiers de cours en gestion touristique.

Je parcourais ces documents tous les jours, car ils étaient très précieux à mes yeux. J'étudiais donc ces leçons comme si je suivais la même formation que Sheryl. En même temps, du côté de l'université, mes résultats lors des contrôles devenaient de plus en plus excellents. Mon passage au niveau supérieur n'était donc plus qu'une évidence.

Un jour, alors que nous étions en fin d'année académique, un camarade de classe m'informa d'une opportunité de recrutement lié à un travail temporaire qui devait avoir lieu lors de la CAN 2012 co-organisée par le Gabon et la Guinée Équatoriale. Ce dernier me fournis toutes les informations utiles pour postuler à ce programme dénommé « Programme volontaire COCAN Gabon » piloté par le Comité d'Organisation de la CAN. Ayant marqué un fort intérêt à ce sujet, je me suis immédiatement attelé à réunir toutes les pièces constitutives du dossier parmi lesquelles mon curriculum vitae qui était vide d'expérience professionnelle en ce temps-là. Par la suite, je me suis rendu à l'agence du COCAN afin de soumettre ma candidature. Dans les mois qui suivaient avant le mois du lancement de la compétition (Janvier 2012), la période des entretiens de présélection s'est tenue à l'agence du Comité d'Organisation de la CAN. En effet, je fus appelé pendant cette période pour être reçu en entretien.

L'entretien se déroula dans un premier temps en français puis en anglais. Après avoir fait bonne impression durant cet échange avec l'agent Cocan, ce dernier me dit "*Vu que tu t'exprimes bien en anglais je préfère que tu sois affecté en zone aéroport dans la commission Accueil-Protocole*", ce qui veut donc dire que je fus d'emblée retenu. Au sortir de cet entretien, je m'investissais d'avantage dans la recherche afin de perfectionner mes compétences communicationnelles dans la langue et mes connaissances dans le domaine de l'accueil.

La compétition débuta en janvier. Je fus placé dans l'équipe de volontaires affectés dans la commission Accueil-Protocole en zone aéroport comme prévu. Nous travaillions en binôme et les tâches qui nous étaient assignées consistaient à fournir des services de renseignement et de guidage aux visiteurs internationaux. Ce fut donc ma toute première expérience professionnelle dans le domaine de l'accueil, laquelle m'a permis de développer mon expression en anglais vu que la plupart des délégations qu'on assistait étaient essentiellement constituées de personnes anglophones. Il faut dire que tout ce que j'avais accumulé comme expérience préparatoire au travers de mes recherches personnelles, m'étais d'un apport assez considérable.

Un jour, parmi les nombreux visiteurs qu'on recevait, je fis la rencontre de deux photographes professionnels d'origines botswanaises dont l'un s'appelle Lesego Gothusang et l'autre Moni. En effet, ces deux visiteurs étaient à la recherche d'un hôtel proche du stade appelé "Stade de l'amitié Sino-gabonaise" (le stade qui abritait les matches joués à Libreville). Il faut dire qu'en ce temps-là, la majorité des hôtels de la zone était saturée. Vu que ces derniers tenaient à être logés près du stade, et vu que mon défunt père résidait non loin de là, notamment dans une cité militaire appelée "Citée des ailes", je leur fis donc la proposition de loger chez mon père moyennant une somme forfaitaire par jour. Cette proposition leur plût et immédiatement je les fis prendre un taxi en direction du domicile de mon père après avoir informé ce dernier de leur arrivée. Ils passèrent en tout une semaine et quelques jours avant de retourner sur le Botswana. J'étais expressément allé séjourner chez mon père pour profiter de la présence de ces deux "touristes" afin de perfectionner mon anglais. Cela avait constitué donc un véritable bain linguistique pour moi et une véritable opportunité de développer une relation amicale avec ces derniers.

Par ailleurs, de façon presque simultanée, je fis également la rencontre d'une autre personne d'origine Botswanaise qui faisait partie d'un groupe de supporters de l'équipe nationale qu'on avait assisté à l'aéroport. Ce monsieur s'appelle Samuel Raditloko. En fait, après avoir fourni des renseignements à ce groupe, mon binôme et moi sommes retournés à notre poste. Mais après un certain moment, ce monsieur s'est rapproché de nous en nous disant "Hey, salut les gars, vous savez quoi, j'ai vraiment apprécié votre hospitalité, j'aimerais avoir votre contact, et vous remettre le mien également. Si jamais ça vous intéresse de visiter le Botswana, sachez que je suis disposé à vous recevoir. Vous n'avez juste qu'à payer votre billet d'avion et le reste je m'en charge...". J'avoue que sur le coup, j'étais à la fois excité et curieux, parce que je n'avais aucune espèce d'idée sur ce pays si ce n'était que sur son appartenance au continent Africain. Dans tous les cas, cette invitation m'intéressa particulièrement parce que j'envisageais aller en vacances de fin d'année en Afrique du Sud et vu que le Botswana en est un pays frontalier, cela constituait donc une véritable opportunité d'expérimenter le "phénomène touristique" que j'avais tant appris de façon théorique jusque-là. Je me suis dit en moi-même "Je dois saisir cette opportunité". Nous avions donc échangé de contacts.

Cette bonne nouvelle avait sonné dans mon esprit comme une sorte de promotion, et par conséquent avait contribué à d'avantage à renforcer l'enthousiasme dans mon travail. Dans les jours qui suivaient, au fur et à mesure que je travaillais dans cet état d'esprit, j'acquérais de plus en plus de l'expérience et cela me permettait de mieux asseoir tout ce que j'avais appris au travers de mes recherches. Un jour, après avoir assisté un visiteur, l'idée de créer une entreprise spécialisée dans les services touristiques m'est venue à l'esprit. A vrai dire, je n'avais que l'image finale de cette idée de création d'entreprise, c'est à dire l'entreprise déjà opérationnelle. La question que j'ai dû me poser était de savoir comment est-ce qu'il fallait s'y prendre pour y arriver. Quelques minutes plus tard, une pensée m'a dit " Suis instinctivement le mouvement de ta passion.". (J'essaie d'exprimer fidèlement la pensée qui m'animait à l'instant même).

Par ailleurs, je restai en contact avec Samuel. Nous commencions à faire connaissance et lorsque leur équipe fut éliminée, celle-ci et le groupe de supporters devaient retourner au Bostwana. Le jour du départ des supporters botswanais, j'étais en déplacement (hors de ma zone de travail) et je reçu un appel de Samuel qui me dit " Salut Martin, je rentre sur le Bostwana aujourd'hui. Je t'ai offert un t-shirt. Je l'ai remis à ton binôme. J'espère qu'il sera à ta taille! On reste en contact, allez prend soin de toi!". Je fus particulièrement touché par ce geste et je me dis qu'il me fallait à tout prix visiter ce monsieur.

La compétition prit fin le 12 Février, jour de mon anniversaire, je crois que cette invitation au Botswana constituait pour moi un véritable cadeau d'anniversaire. Et là, je commençai à me rendre compte du caractère fructueux de la culture de la recherche, car si j'arrivais à bien communiquer avec les visiteurs, cela était en grande partie dû à ce travail préparatoire fait en coulisse.

Le mois qui suivait, je décidai de matérialiser cette ambition entrepreneuriale qui résonnait de façon permanente au fond de moi. L'idée de créer une structure à vocation touristique. Cela m'avait donc conduit à convier des amis (des personnes talentueuses) à prendre part à une réunion qui allait porter sur la présentation de ce projet. Nous nous sommes donc retrouvés à l'université Omar Bongo. Nous étions au nombre de sept. Après avoir présenté la vision et l'objectif du projet, l'assemblée opta pour la création d'une association à but non lucratif compte tenu des moyens financiers assez limités des membres. Le nom de l'association était AGS (Around Gabon Services). Il faut dire au passage que nous étions majoritairement des étudiants en ce temps-là.

Cependant, sachant qu'aucun de nous ne disposait d'une quelconque expérience professionnelle aussi bien dans la gestion d'une entreprise que dans celle d'une association, l'idée de la nécessité de se faire former s'était donc naturellement imposée à nous! Qui va nous former?

N'ayant pas trouvé de réponse à cette question, le projet connu malheureusement une certaine stagnation et plus tard un profond sommeil.

Néanmoins, j'étais toujours engagé dans la dynamique de la recherche (la culture générale) espérant un jour voir cette vision s'implémenter. Parallèlement, j'étais en pleine préparation de mon voyage.

Juillet 2012, je pris l'avion pour l'Afrique du Sud, Johannesburg. Deux semaines plus tard, je me rendis à Pretoria où Samuel m'attendait dans son véhicule. (Nous voyagions par voie routière). Arrivée à Gaborone, capitale du Botswana, je fus accueilli par sa famille (sa femme, sa belle-mère et ses deux garçons).

C'était une expérience assez singulière que de se retrouver devant des personnes d'une culture différente de la sienne. J'étais donc au contact de la réalité de ce que je lisais dans "mes cours de tourisme".

Tout au long de mon séjour au Botswana, Samuel me faisait visiter différents coins comme Molepolole, Serowe, Lobatse. Il me présentait également à différentes personnes parmi lesquelles, Stux Tumelo Mogotsi, un jeune entrepreneur, ami de Samuel. Il faut dire que s'il y avait quelque chose d'assez récurrent dans nos conversations; c'était bel et bien « l'idée de l'entrepreneuriat ». En effet, Samuel lui-même, étant professeur dans une grande école à Lobatse, avait une activité entrepreneuriale qu'il exerçait parallèlement à sa profession. Tout cela m'avait énormément marqué et inspiré.

De retour au Gabon, l'idée de relancer la dynamique engagée au travers la structure AGS était constamment dans ma tête mais les choses ne semblaient pas être aussi faciles que je le souhaitais.

2-   Intégration à une organisation

Quelques mois plus tard, je vais faire la rencontre d'un jeune entrepreneur social nommé **Fouty Boulangua Mouleka**. Cette rencontre eut lieu lors d'une circonstance bien particulière. En fait, il s'agissait d'un recrutement de personnes bilingues volontaires, organisé par son ONG ETG (RNCAGBT en ce temps-là). Ladite ONG avait initié ce programme de recrutement à l'occasion d'une prestation de service de guidage destinée à un groupe de près 350 touristes majoritairement constitués de personnes d'origine allemande. Ce groupe prenait part à une croisière internationale organisée par un tour opérateur international et devait participer à une excursion à Libreville. Lors de cette rencontre avec les différents volontaires, il y avait un monsieur qui faisait la présentation du programme d'activité de l'excursion. Ce monsieur était le président fondateur de l'ONG. Ce dernier en avait également profité de la circonstance pour présenter son organisation et faire l'invite aux adhésions pour les volontaires présents intéressés par cette idée.

Après avoir été édifié sur la signification du sigle RNCAGBT (Réseau National des Clubs d'Anglais pour un Gabon Bilingue et Touristique) et plus tard sur l'aspect touristique de l'ONG, je dois dire que j'avais presque instinctivement exprimé mon adhésion à cette vision, car je réalisai que celle-ci était en phase avec la mienne. En effet, en considérant la nécessité d'apprendre d'avantage du domaine touristique, et surtout de celui des ONG, je me suis tout simplement rendu compte du caractère opportun de l'adhésion à un tel groupe. En dépit du fait que l'organisation était naissante, je ressenti au fond de moi l'intérêt d'y intégrer.

Au moment de l'invite aux adhésions des personnes volontaires présentes (majoritairement des anciens et nouveaux étudiants du Département d'Anglais de l'université Omar Bongo), j'ai exprimé mon d'adhésion en remettant les frais d'adhésion. A la fin de la rencontre, je me suis rapproché du président pour obtenir plus d'informations sur le fonctionnement l'ONG.

Quelques jours plus tard, je pris part à l'excursion qui s'était d'ailleurs très bien déroulée. Je me souviens encore de la date du jour; c'était le 12 Février 2013. Après cette merveilleuse expérience, le président avait été marqué positivement par mon implication dans la couverture en image. Mon adhésion à la vision de l'ONG commençait à se faire ressentir.

Quelque mois plus tard, le président me confia la responsabilité d'administrer le département tourisme de l'ONG. J'avoue que le fait de n'avoir pas reçu une formation professionnelle dans ce domaine constituait pour moi un vrai challenge. Cependant, la recherche et la passion étaient les deux principaux supports sur lesquels je pouvais me baser pour m'impliquer activement dans la réalisation des activités de l'organisation d'une part, et d'autre, pour entreprendre des initiatives à la hauteur de ce poste. Cela me permit donc d'asseoir cette inquiétude tout à fait légitime.

3-   Développement du talent au sein de l'association

J'ai occupé le poste de responsable du Département Tourisme pendant près de deux ans et quelques mois. Cela m'a permis d'apprendre et d'acquérir de l'expérience tant sur le plan administratif, communicationnel, relationnel que technique, chose qui n'avait rien à voir avec l'objet de ma formation à l'université. C'était purement de l'entrepreneuriat. En effet, au travers de l'ONG, j'arrivais à animer le club d'anglais et de tourisme, des conférences en anglais, des reportages à caractère bilingue sur des thèmes liés à l'éducation et au tourisme. Je fournissais également des prestations d'interprétation et de traduction pour des institutions à l'instar de la mission diplomatique d'Afrique du Sud au Gabon, la Mairie de Libreville, l'Assemblée Nationale etc.

Par ailleurs, ma passion pour le tourisme et mon sens de la prise d'initiative me conduisaient à user très souvent de mes relations et des ressources à disposition pour initier des activités promotionnelles et éducatives pour le compte de l'organisation tant au Gabon qu'à l'étranger à chaque fois que l'opportunité s'y présentait. Ainsi, avec peu, je pouvais faire de grandes choses, parce qu'au fur et à mesure que je m'impliquais de la sorte, je découvrais de mieux en mieux les nombreux talents qui sommeillaient en moi. J'étais donc dans un processus de découverte de moi-même pour ainsi dire !

Toujours dans le cadre des activités de l'ONG, un jour, nous eûmes une opportunité de formation en journalisme pendant une durée de six mois avec l'un des anciens directeurs généraux de la première chaîne de télévision Gabonaise (Gabon Télévision) en la personne de monsieur Paul Mbadinga Matsendi. Ce programme de formation avait pour objectif de redynamiser le journalisme au Gabon et promouvoir le secteur dans les langues internationales telles que l'anglais et le mandarin. L'ONG ETG avait donc été conviée à prendre part à cet ambitieux projet. Je fus sélectionné par le président de l'ONG comme participant. En effet, je suivis une formation en tant que chroniqueur.

En Mai 2013, alors que l'Afrique du Sud était secouée par la dégradation de l'état de santé de Nelson Mandela, monsieur Paul nourrit l'ambitieux projet de faire une édition spéciale en version trilingue (en français, en anglais et en chinois) sur l'histoire de cette icône planétaire dans le but d'adresser au peuple sud-africain la solidarité du peuple gabonais. Nous travaillions en équipe d'arrache-pied sur l'histoire de l'Afrique du Sud en général et de celle de Nelson Mandela en particulier. Pour donner un cachet spécial à la réalisation de ce projet, monsieur Paul sollicita la collaboration des ambassadeurs d'Afrique du Sud et de Chine au Gabon pour des interviews sur l'œuvre de Nelson Mandela pour l'Afrique et de son impact sur le plan mondial.

Un jour, alors que j'étais à l'aéroport international Léon Mba (Libreville) pour réceptionner un colis en provenance d'Afrique du Sud dans le cadre d'une petite activité commerciale que j'entreprenais, je fis comme par hasard la rencontre du troisième Secrétaire général adjoint de l'Ambassadrice d'Afrique du Sud en la personne de monsieur Marsho September (en ce temps-là). En effet, j'avais eu l'opportunité d'échanger avec ce monsieur lors d'une prestation de guidage où je conduisais une délégation de parlementaires sud-africains en début d'année (Février). Lui ayant donc fait part du projet Nelson Mandela que nous envisagions, ce dernier marqua un fort intérêt. Je lui remis ma carte de visite et le jour qui suivait, il m'écrivit pour m'informer de la disponibilité de son Excellence Madame l'Ambassadeur Pearl Nomvume Magaqa à nous accompagner dans la réalisation du projet.

C'est en juillet 2013 que nous réalisions la première édition spéciale sur l'histoire de Nelson Mandela en trois langues internationales sur la première chaîne de télévision Gabonaise. En effet, leurs Excellences Monsieur Sun Jiwen et Madame Pearl Nomvume Magaqa avaient activement participé à la réussite de ce projet grande envergure. J'avais eu l'opportunité d'avoir en interview l'Ambassadeur à la chancellerie d'Afrique du Sud au Gabon. La culture de l'implication active avait significativement développé en moi le sens de l'audace. Ce fut l'une des plus grandes réalisations de l'organisation en cette année-là. Les années qui suivaient furent aussi caractérisées par la réalisation de bien d'autres projets ambitieux dans le domaine du tourisme. Je dois dire que chaque jour qui passait, je me rendais de compte de mieux en mieux du caractère fructueux de la culture de l'implication active. En fait, plus je m'impliquais de façon volontaire et diligente, mieux mes talents s'exprimaient de façon naturelle. C'était extraordinaire !

En août 2013, je me rendis au Bostwana pour une seconde fois sous l'invitation de mon ami Samuel Raditloko. Cette fois-ci, je fis un bond significatif vers l'avant dans mon aventure entrepreneuriale. Premièrement, j'avais participé à un programme d'échange organisé par un groupe d'entrepreneurs auquel appartient Samuel. Il s'agit du Christian Business Forum. En effet, ce groupe organisait une rencontre dans l'une des salles de l'hôtel Phagalane (l'un des hôtels les plus prestigieux de la ville de Gaborone). Je fus donc le seul invité francophone à cette grande plate-forme d'échanges d'expériences entrepreneuriales. Ce fut une expérience assez spéciale, et ce qui m'avait beaucoup marqué au sortir de cette rencontre, était le fait que j'avais en face de moi des entrepreneurs d'une communauté religieuse (des personnes de confession chrétienne) dévoués et engagés pour le développement social et économique de leur pays. Ce qui avait également retenu mon attention, était le fait qu'ils avaient convié des plus jeunes en situation d'initiation à l'entrepreneuriat pour donner à ces derniers l'opportunité d'apprendre des expériences des plus anciens. Au regard de la richesse des informations partagées au cours de cette rencontre, j'étais énormément boosté.

Comme quoi, pour couronner le tout, dans les jours qui suivaient, Samuel m'invita également à un séminaire qui avait lieu dans une église de la place, laquelle recevait un grand homme que ce monde a connu comme étant le pasteur de la plus grande église de Bahamas, un entrepreneur et propriétaire de cinq entreprises, un consultant des gouvernements, et l'auteur de 57 livres en la personne de feu docteur Myles Munroe. Le thème de son message était « Redécouvrir le royaume » . Tout au long du son exposé, deux phrases avaient retenu mon attention :

« Ce que vous évitez, vous ne l'accomplirez jamais. »

« Ce que vous permettez dans votre vie, vous en êtes responsable. »

Jusqu'aujourd'hui, je garde précieusement le carnet dans lequel j'ai écrit ces paroles. En fait ces paroles mettent en valeur l'importance de l'audace et du sens de la responsabilité. Ce fut un enseignement assez enrichissant.

De retour au Gabon, je me suis retrouvé à être deux fois plus motivé qu'auparavant, et tout cela, ne sachant pas que ma motivation était également une source de motivation pour certains membres de l'ONG. En effet, l'implication active et l'enthousiasme dans l'exercice de ma fonction amenaient certaines personnes à persévérer dans l'aventure même lorsque celles-ci se sentaient découragées (selon les dires de certaines personnes).

4-   Création de ma propre structure

Quelques années plus tard, le gouvernement gabonais pris l'initiative de booster le secteur agricole au Gabon en encourageant l'entrepreneuriat dans ledit secteur, en l'occurrence l'entrepreneuriat coopératif. A cet effet, un cadre favorisant la facilitation de la création de coopératives, l'accès aux programmes de formations techniques et aux financements avait été mise en place. Je vis cette politique de développement comme une véritable opportunité de développement communautaire. En effet, j'avais pris l'initiative de créer une coopérative à vocation agrotouristique appelée Scoops Caanan. Je m'étais associé à des collaborateurs passionnés de l'agriculture afin de mettre en œuvre cet ambitieux projet. J'étais donc à cheval entre l'ONG et cette coopérative. Bien entendu, dans les mois qui suivaient, je pris la décision de me consacrer uniquement à la gestion de la coopérative et à rester disponible à intervenir dans certaines activités de l'ONG. Ce fut une décision assez difficile mais il était temps pour moi de valoriser les acquis de mon séjour à l'ONG dans le cadre d'une vision personnelle.

Mais je dois souligner que l'expérience accumulée au sein de l'ONG ETG m'avait permis de concevoir le concept CIDC. En effet, cette riche expérience m'a permis d'impulser une nouvelle dynamique dans la gestion d'une structure associative: intégrer une forte dose de modernisme dans le logiciel managérial de l'entité en usant de certains principes de réussite en matière de politique de fonctionnement interne. Dans la coopérative par exemple, nous nous rassurions en toute chose d'avoir un système opératoire en phase avec l'évolution du monde actuel. Autrement dit, nous donnions de la valeur à notre activité. Nous étions tellement attachés aux principes d'innovation et d'originalité que cela nous permettait de bénéficier de nombreuses opportunités.

En Août 2015, nous participions à une compétition internationale appelée FAC (Future Agro Challenge), compétition à laquelle nous sortîmes troisième sur onze candidats après avoir présenté un projet à caractère agrotouristique. Cela constituait pour nous un signe très positif.

Quelques mois plus tard, nous postulions à un programme de financement de microprojets par la mission diplomatique des États Unis au Gabon (Le programme d'auto-assistance de l'Ambassadeur). Sur près de deux cent structures associatives ayant postulé, seules douze étaient retenues, et nous fûmes parmi les douze. C'était un autre bond que la coopérative avait fait.

Grâce à l'appui de l'association APJA (Agir Pour une Jeunesse Autonome) par le canal de madame Audrey Mebalet, nous participions à l'AGOA (African Growth Opportunity Act) édition 2015 à Libreville, suivi du African Citizen Forum et du New York Forum Africa.

En fin d'année, nous organisions une conférence qui portait sur la sortie officielle de la Scoops Caanan et de son bilan d'activités annuelles. Nous conviâmes à cette cet évènement plusieurs institutions locales à l'instar de la mairie d'Owendo représentée par Monsieur Aloise Apalaga; (troisième maire adjoint) et l'Ambassade des États Unis au Gabon représentée par madame Kathrine Brucker (Chargée de Mission adjoint). Je dois dire que le fait d'avoir pris l'initiative d'organiser cet événement était une façon pour moi de valoriser l'entrepreneuriat social tel que je le pensais et le vivais avec mes collaborateurs. Cette initiative plut énormément à nos partenaires.

Cependant, très vite et très malheureusement, l'administration de coopérative Caanan connu des perturbations internes profondes, qui ont fini par paralyser son développement en ce temps-là. Il m'était difficile de m'y remettre. C'était un choc émotionnel qui m'amenait à tout remettre en cause. C'était une période assez sombre pour moi.

Un an plus tard, je commençai à nourrir une passion pour le développement personnel et le développement communautaire. Ainsi, j'avais finis par considérer cette étape de ma carrière comme un autre tremplin pour me lancer dans un domaine, qui finalement correspondait à mon potentiel. Aussi incroyable que cela pouvait paraitre, en mars 2017, je fus nommé par le département d'État Américain puis par l'ambassade des États-Unis au Gabon en tant que Jeune leader africain pour participer au programme IVLP (International Visitor Leadership Program). Ceci avait été rendu possible grâce à madame Katherine Brucker que je remercie au passage. Je fus donc invité aux États-Unis, notamment à Washington DC, à Chicago, à Utah et à Portland pour représenter le Gabon dans le cadre de « *l'entrepreneuriat et le développement des entreprises* ». Ce séjour a été caractérisé par de nombreuses rencontres avec des autorités politiques et économiques. J'ai donc eu l'occasion d'échanger avec des entrepreneurs sociaux et d'apprendre de leurs expériences. Cette opportunité a été d'un apport considérable à l'évolution de la structuration et de la rédaction de ce livre et de la création de ma structure JM Entrepreneurship.

Aujourd'hui, grâce à cette riche expérience associative, j'œuvre pour la promotion de l'éducation entrepreneuriale dans un contexte social pour encourager le développement communautaire au Gabon et en Afrique au travers la JM (JM Entrepreneurship). Avec mon équipe, j'encadre plusieurs jeunes structures associatives dans leur processus de création, de structuration et de développement. Au travers de la JM, nous incitons également la jeunesse à la culture du bénévolat associatif.

Je dois dire que cette merveilleuse expérience a été rendu possible grâce à l'observation des étapes de l'approche CIDC et à l'application des principes qu'elle recommande. Cependant, il m'a fallu être particulièrement persévérant, car rien n'est donné dans cette aventure. J'ai compris que la réussite ne s'acquière que par le travail et la persévérance. Cette aventure n'a pas été aussi facile qu'on le croit. J'ai dû traverser certaines étapes assez douloureuses: des situations frustrantes et humiliantes. Mais, une chose est sure : bénévolat associatif est une porte qui ouvre l'accès au développement des capacités humaines. C'est une richesse à exploiter et à valoriser.

Conclusion

En conclusion, nous devons garder à l'esprit que la culture associative implique une volonté à servir les autres de façon gracieuse : c'est ce que nous appelons ici le bénévolat. Un bénévole et donc une personne volontaire qui met ses compétences, son énergie et son temps au profit des autres. On peut exercer du bénévolat tant dans un contexte individuel qu'associatif. Faire du bénévolat, nous l'avons compris, n'est pas synonyme d'avoir raté sa vie. Bien au contraire, un bénévole et un acteur de développement. Il contribue à améliorer la condition d'une personne quelque part. C'est un agent de développement communautaire c'est un acteur de la solidarité. Ce livre a donc été écrit pour inciter toute personne à adhérer à une structure associative où de renforcer son engagement au sein de sa structure de base. Je vous souhaite une agréable aventure bénévole.

Biographie

Joshard-Martin MBAMBI-MOYALE est un écrivain, entrepreneur social gabonais et le président-fondateur de l'ONG JM Entrepreneurship et de l'association Tennis Bridge Community. Il est titulaire d'une licence en Anglais qu'il a décrochée à l'Université Omar Bongo au Gabon. En 2017, il a été nommé par le Département d'État Américain pour participer au programme International Visitor Leadership Program aux Etats-Unis sous le thème "Jeunes leaders émergeants: Entrepreneuriat et Développement des entreprises". En 2018, il a été sélectionné pour représenter son pays le Gabon aux Etats-Unis (Nebraska, Lincoln) dans le cadre du programme Mandela Washington Fellowship sous le thème "Leadership civique". Il est également l'initiateur du plusieurs programmes de formation tels que le BLC (Building Leadership by Coaching) et le SFDC (Séminaire des Femmes pour le Développement Communautaire). Il intervient régulièrement dans des salons et forums dédiés à la promotion de l'entrepreneuriat des jeunes, et participe à de nombreux programmes d'échange entre entrepreneurs au Botswana. Joshard-Martin est de confession chrétienne, il enseigne également dans des églises sur des thématiques liées à l'entrepreneuriat et au développement communautaire. Joshard-Martin est l'animateur de JM Podcasts et l'initiateur de la formation Anglais US Pro.

JOSHARD-MARTIN M.M

Photo de Joshard-Martin et les bénévoles de son ONG JM Entrepreneurship.

Bibliographie

.

[1] https://fr.m.wikipedia.org/wiki/B%C3%A9n%C3%A9volat

[2] http://www.toupie.org/Dictionnaire/Volontariat.htm

[3] https://www.amazon.fr/s?k=exprime+ta+passion&i=amazon-devices&__mk_fr_FR=%C3%85M%C3%85%C5%BD%C3%95%C3%91&ref=nb_sb_noss

[4] https://www.google.com/url?sa=t&rct=j&q=&esrc=s&source=web&cd=&cad=rja&uact=8&ved=2ahUKEwiE75n3r8HrAhXHyIUKHQf-BScQFjAAegQIBBAB&url=https%3A%2F%2Fwww.facebook.com%2FPain2vieSolidaire&usg=AOvVaw1t1_CA1yRcuDCVmBundvdA